AF250639

DES
CANDIDATURES OFFICIELLES

ET

DE LEURS CONSÉQUENCES

PAR

ÉDOUARD ORDINAIRE

Prix : 25 centimes

CHEZ M. ARMAND LE CHEVALIER, ÉDITEUR

RUE DE RICHELIEU, 61

—

1869

Paris. — Impr. Émile Voitelain et Cie, rue J.-J.-Rousseau, 61.

DES
CANDIDATURES OFFICIELLES
ET DE LEURS CONSÉQUENCES

Bientôt le scrutin va s'ouvrir dans toute la France pour renouveler le Corps législatif. Des amis politiques m'ont engagé à me mettre sur les rangs dans la première circonscription du Doubs. Ils ont pensé que la fermeté et l'indépendance de mes opinions, prouvées par mes écrits et mes actes, pourraient m'absoudre du reproche de présomption. Je leur ai objecté mon insuffisance, mais ils ont fait appel à mon dévouement. Quand donc le moment en sera venu, j'affirmerai ma candidature, tout prêt à la retirer devant telle autre dont le succès paraîtrait plus probable et plus utile à la cause démocratique.

En attendant, voici quelques-unes des réflexions que me suggère l'état présent de nos affaires.

La dictature elle-même du 2 décembre, dans le premier enivrement de sa sanglante victoire, n'a pas osé dénier au pays le droit théorique de contrôler les actes du gouvernement. Elle s'est crue obligée de laisser au moins subsister une apparence de pouvoir parlementaire et de proclamer la responsabilité du chef de l'État devant la nation.

Ainsi, aux yeux mêmes de la Constitution impériale, le gouvernement et la nation ne se confondent pas absolument, et dans le cas où il se produirait une divergence entre ces deux volontés, c'est la nation qui doit dire le dernier mot. L'Empereur lui-même l'a solennellement reconnu en plusieurs circonstances; ses ministres, quand on les accuse de tout subordonner aux visées d'un gouvernement personnel, ne manquent jamais de faire sonner bien haut leur respect pour la volonté nationale et de s'en proclamer les très-humbles serviteurs.

Mais en même temps ils revendiquent, non moins hautement et obstinément, le droit de mettre au service des candidats particuliers de l'Empereur, les influences et les forces administratives dont leur devoir est de n'user que dans l'intérêt général.

Il y a là une contradiction flagrante qui saute aux yeux. Si le gouvernement et la nation ne font qu'un, il est inutile de nommer des contrôleurs. Mais s'ils font deux, ce qui est évident; si l'Empereur est responsable devant la France représentée par ses députés; si le pouvoir exécutif est non le maître, mais le serviteur, le chargé d'affaires de la nation, comment peut-il avoir la prétention de choisir les contrôleurs de ses actes?

Si les gérants d'une société industrielle voulaient choisir eux-mêmes le conseil de surveillance chargé de sauvegarder les intérêts des actionnaires, chacun se récrierait contre une pareille violation des principes les plus élémentaires. Comment donc se fait-il que ce qui est si clair pour tous dans l'administration des intérêts privés, semble s'obscurcir pour quelques-uns, quand il s'agit des intérêts généraux, et que tous ne reconnaissent pas également, dans leur application à la société politique, les principes qu'ils savent essentiels aux sociétés industrielles et commerciales?

C'est que beaucoup de gens ne s'occupent pas de politique, ne comprenant pas que, par cela même qu'elle embrasse les intérêts généraux, elle domine et comprend tous les intérêts particuliers; c'est que trop souvent les questions, en s'élevant et en s'étendant, échap pent à la portée ou à la réflexion des esprits trop habitués à ne pas sortir du cercle étroit de leurs affaires personnelles; c'est, enfin, que le gouvernement se réfugie derrière un sophisme trop facilement accepté par la multitude : « Le gouvernement, nous dit-on, patronne ses candidats, mais il ne les impose pas; le peuple est donc libre de les accepter ou de les repousser. »

Il est fort heureux, en effet, qu'on n'emploie pas la violence comme moyen ordinaire d'élection (sauf à Nîmes cependant), et nous devons être bien reconnaissants de cette modération grande. Mais ce que le gouvernement ne dit pas, quoiqu'il ne l'ignore pas plus que nous, c'est qu'il intimide et violente tout doucement ceux qui n'ont pas assez le sentiment de leur force et de leur liberté. Ne fait-il pas présenter aux électeurs ses candidats préférés, par les hommes qu'on est habitué à considérer comme les représentants de sa volonté, les dépositaires de sa force, les intermédiaires de ses colères et de ses faveurs, par les hommes, enfin, que la plupart ont ou croient avoir intérêt à ménager : les gendarmes, les gardes champêtres, les juges de paix, les maires, transformés trop souvent en courtiers d'élections? Parmi les électeurs qui sont ainsi gagnés aux candidats préfectoraux, combien y en a-t-il qui obéissent à cette terreur secrète qu'inspirent toujours les hommes de la loi et de la force aux ignorants, qui ne connaissent que vaguement la limite de leurs droits et craignent toujours de donner aux autorités grandes ou petites des raisons ou des prétextes de les tourmenter?

Pour d'autres, à la peur de déplaire se joint le désir de mériter les faveurs gouvernementales. Canaux à réparer, écoles à bâtir, routes à construire, églises, chemins de fer, subventions de toute nature, que d'intérêts à ménager! Et comment faire comprendre à des populations habituées à tout attendre du gouvernement, qu'il serait indigne de lui de favoriser de pareils calculs et de faire servir les deniers de la France à payer des docilités électorales?

C'est ainsi que la préoccupation des intérêts particuliers offusque et supprime le sens de l'utilité publique, et que le gouvernement, en mettant en ligne ses candidats, bénéficie des erreurs de la foule et par là altère la sincérité des élections.

C'est-à-dire que le système des candidatures officielles fausse le ressort principal de notre vie politique; que, partant, où les électeurs n'ont pas encore une idée parfaitement nette de leurs droits, leur initiative se trouve confisquée, et que, en définitive, c'est le contrôlable qui choisit ses contrôleurs; c'est l'accusé qui choisit ses juges.

Je ne prétends pas mettre en doute la bonne foi et l'honnêteté des mandataires ainsi nommés, mais, fussent-ils les plus honnêtes gens du monde, il est clair que le gouvernement ne les choisira que parce qu'ils seront toujours de son avis et approuveront sa politique. D'où il suit que, en réalité, le contrôle se réduira à une apparence de contrôle. On peut donc dire sans exagération que, depuis seize années, grâce à l'infatigable docilité des députés officiels, la France est livrée aux mains d'un gouvernement personnel qui exerce sur elle un pouvoir absolu.

Tel est le système qui nous régit, et j'y ai insisté parce que là est la cause de nos misères. Puisqu'il est convenu et accepté que c'est par les fruits qu'on peut juger l'arbre, voyons ce qu'a fait de la France le gouvernement impérial, appuyé sur le dévouement sans réserve des contrôleurs choisis par lui-même.

Voyons d'abord à l'intérieur.

Le budget, qui était en 1851 de 1 milliard 461 millions, est arrivé en 1869 à la somme de *deux milliards trois cent quatorze millions*, sauf les augmentations de dépenses imprévues, qui ne manquent jamais de se produire chaque année. C'est donc, au plus bas mot, une augmentation de près d'un milliard.

Or, les recettes *espérées* par le ministre des finances, au delà même de toute espérance raisonnable, ne vont qu'à deux milliards cent soixante et onze millions. Il avoue donc un déficit inévitable d'au moins cent quarante-trois millions, pour le budget de 1869.

En 1867, le déficit a été de cent trente-cinq millions; en 1868, de cent quatre vingt-quatre millions, et il est facile de constater d'avance que celui de 1870 ne se réglera pas dans des conditions meilleures.

Le déficit est donc devenu la règle constante de nos budgets.

Le budget particulier de la guerre était, en 1851, de 310 millions; en 1867, en pleine paix, il monte à près de 900 millions.

En revanche, celui de l'instruction publique est à peine de 28 millions. C'est là qu'on fait porter les économies.

Le chiffre des dotations est plus consolant. Les Suisses donnent à leur président douze mille francs; les Américains croient faire grandement les choses en allouant au chef du pouvoir exécutif cent vingt-cinq mille francs. La France, plus généreuse, sinon plus riche, donne à l'Empereur, aux princes et aux princesses, pour leurs menus plaisirs, une obole annuelle de *quarante-huit millions*.

De simples ministres ont des traitements de trois cent cinquante mille francs par an, quelque chose comme mille francs par jour.

La dette flottante, qui était en 1849 de 318 millions, est montée en 1864 à un milliard trente-sept millions. Grâce à un emprunt, on l'a fait redescendre, en 1866, à

787 millions; mais elle remonte rapidement, et, en 1868, elle atteint le chiffre de 936 millions.

Mais ce qui est plus grave, c'est que le gouvernement prélève, chaque année, sur les contributions de la France, une somme de trois cent quarante millions huit cent trente mille deux cent sept francs, rien que pour payer les intérêts de la dette perpétuelle.

A propos de ces chiffres, il est bon de faire observer que les deux Républiques, la Restauration et le gouvernement de Juillet, soumis à un contrôle réel et sérieux de la part de la nation, n'ont ajouté à eux tous, en quarante-sept ans, que 48,174,361 francs à la dette perpétuelle, c'est-à-dire moins d'un septième, tandis que, en vingt-six ans, le premier et le second empires, gouvernements personnels, soumis tous deux à un contrôle plus apparent que réel, y ont ajouté 252,429,816 francs, c'est-à-dire les trois quarts de la somme totale.

Ce qui rend encore plus effrayant cet accroissement de la dette publique, c'est que le second empire a reçu de la nation, en quinze ans, 29 milliards 798,564,836 francs, c'est-à-dire ONZE MILLIARDS 58,229,827 francs de plus que ce qu'avaient reçu, en un laps égal de temps, les gouvernements précédents, et que cela ne lui suffit pas, et que le déficit est constant, malgré les emprunts répétés. On peut même dire que l'emprunt est désormais considéré comme le moyen normal d'équilibrer les budgets.

Le premier empire, qui équilibrait ses budgets par le pillage de l'Europe, méprisait l'emprunt. Voici ce que disait Napoléon Ier dans le préambule d'un de ses décrets : « L'emprunt est un moyen à la fois immoral et funeste. Il impose à l'avance les générations futures, il sacrifie au moment présent ce que les hommes ont de plus cher : le bien-être de leurs enfants ; il mine insensiblement l'édifice public et condamne une génération aux malédictions de celles qui la suivent. »

Le second empire, ne pouvant piller l'Europe, pille l'avenir. L'exploitation des générations futures vient de trouver son organisation la plus parfaite dans le système des annuités, le plus efficace instrument des décadences irrémédiables.

Aux reproches de cette nature, on répond toujours par le mirage des travaux publics. On voudrait nous faire croire que les sommes énormes prélevées sur nous par le second empire ont été consacrées à des travaux productifs qui nous les rendront au centuple. Rien n'est plus faux. Le budget des travaux publics de l'empire a toujours été inférieur à celui des gouvernements précédents. En 1846, il était de 218 millions, en 1848, de 236 millions, en 1866 de 175 millions. Et les secours spéciaux alloués à l'agriculture! L'Empire les a si bien diminués, qu'en 1853 ils atteignaient le chiffre de 6,645,071 francs, tandis qu'en 1866 ils n'étaient plus que de 3,920,637. A mesure que le gouvernement augmente ses charges, il amoindrit les secours destinés à encourager ses efforts ou à la secourir faiblement dans ses pertes.

Voilà la situation matériele de la France en 1869. Le gouffre reste ouvert pour 1870. Les commissions du budget croient se montrer bien rigoureuses quand elles bataillent pour des économies de quelques centaines de mille francs, comme s'il était désormais admis que les dépenses du gouvernement devront dépasser chaque année ses recettes. On ne songe pas que c'est ce qui s'appelle manger son capital, et qu'ici le capital c'est la France elle-même.

Aussi les impôts, sous des formes très-variées, montent-ils chaque année; les emprunts d'État, incessamment renouvelés, attirent tous les capitaux disponibles, grâce à des combinaisons aussi ingénieuses que funestes, et détournent, vers le gaspillage ou les emplois improductifs, des sommes énormes dont le rôle naturel devrait être de commanditer l'industrie nationale. Le résultat, c'est que la France se ruine de deux côtés à la fois : par l'accroissement des dépenses improductives, et par l'amoindrissement constant des capitaux mis au service de l'industrie et de l'agriculture.

Comment s'étonner, après cela, que les crises commerciales, industrielles, agricoles, se succèdent et se précipitent sans relâche?

Voilà où l'on nous a menés en seize ans de règne avec des armées permanentes de cinq à six cent mille hommes. Ce sera bien mieux maintenant que nous allons avoir treize cent cinquante mille soldats à équiper. Il est un fait plus déplorable encore que l'aggravation des dépenses : d'après un calcul que je trouve dans le *Bilan de l'année*, la nouvelle loi augmente de 40 pour 100 les charges du service militaire imposées à la France aux applaudissements des officiels; elle grossit notre armée active de soixante-dix-sept mille hommes, c'est-à-dire diminue les produits dans la même proportion, et met entre les mains du pouvoir une force énorme qui lui permet de se passer de l'assentiment de la représentation nationale, et de lancer le pays dans les aventures au premier caprice.

Voilà donc que la loi militaire de 1868 amène encore une diminution du contrôle de la Chambre sur les actes du pouvoir exécutif en matière de politique intérieure. C'est là ce qu'il y a de plus grave. La nation se figure que le gouvernement croit avoir intérêt à faire la guerre pour réparer ou faire oublier les fautes de sa diplomatie en 1866. Elle tremble qu'il n'use des facilités que lui offre la nouvelle loi. On se sent à la merci d'une volonté unique qui peut, d'un instant à l'autre, allumer dans toute l'Europe un effrayant incendie dont il est impossible de calculer les désastres. Aussi le commerce et l'industrie, paralysés par l'inquiétude, restent-ils dans une atonie qui mène à la ruine. Personne n'ose risquer ses capitaux, à la veille peut-être d'une guerre générale; et cette terreur pèse sur la France depuis le jour où nos gouvernants, dupés par M. de Bismark, lui ont laissé faire ce grand coup d'État qui a mis l'Allemagne entre ses mains. On sent nettement que s'ils ont voulu avoir près d'un million et demi d'hommes sous les armes, ç'a été dans l'espérance d'effacer par la guerre l'affront fait à leur sagacité, et de prouver que si les chefs de l'État ne brillent pas par la finesse, ses soldats du moins n'ont pas dégénéré. Cette confiance est sans doute fort honorable pour nous, mais elle est désastreuse, et, à force de nous préparer à écraser ces orgueilleux Prussiens, qui ont eu l'audace de se moquer de nous, nous finirons par nous apercevoir qu'il ne nous reste plus qu'à faire banqueroute.

Pendant que les millions s'accumulent dans les caves de la Banque, faute de trouver leur emploi, la population diminue dans un grand nombre de départements Ce symptôme éclatant de décadence n'empêche pas le gouvernement de proclamer avec sérénité, avec orgueil, la *prospérité croissante* de nos affaires. Se moque-t-il de nous ou de lui-même? Nous croit-il assez naïfs pour nous laisser prendre à de pareilles affirmations? où l'est-il assez lui-même pour voir le contraire de ce qui éclate à tous les yeux? Croit-il, par exemple, que le cultivateur, si résigné en face des fléaux destructeurs de ses récoltes, supporte patiemment l'augmentation annuelle de ses impôts et la diminution continuelle des ouvriers agricoles que l'armée absorbe?

Il me semble que tout cela devrait faire réfléchir les satisfaits les plus aveugles, car enfin ces chiffres, ce n'est pas nous qui les inventons. Ils ressortent des documents officiels, où, il est vrai, on fait bien tout ce qu'on peut pour les dissimuler. Ceux que le moindre changement fait trembler se figurent volontiers que la meilleure politique consiste à laisser faire au gouvernement ce qui lui plait; à les entendre, il n'y a que les brouillons qui demandent à voir clair dans les affaires du pays. Je veux bien admettre que les théories politiques soient au-dessus de leur intelligence, et qu'ils ne puissent pas comprendre le lien de solidarité intime qui relie les intérêts particuliers aux intérêts généraux et surtout à ceux de la liberté. Mais, enfin, peuvent-ils ne pas voir clairement que si le gouvernement, au lieu de ne trouver en face de lui que des représentants nommés de fait par ses préfets, avait eu à répondre à de vrais représentants de la nation, à des contrôleurs sérieux, il n'eût pu, comme il a fait, gaspiller l'argent du pays, gonfler les budgets sans pouvoir échapper aux déficits, emprunter périodiquement sans parvenir à équilibrer ses dépenses et ses recettes, imposer à la France les charges et les dangers d'une armée de plus de treize cent mille hommes, paralyser le commerce et l'industrie, et semer nos hommes et nos écus en Chine, en Cochinchine, au Mexique, en attendant qu'il provoque toute l'Europe sur le Rhin? Comment aurait-il pu faire tout cela, s'il avait eu à compter avec des hommes sachant quelquefois répondre : Non?

Lorsque, par hasard, les gouvernements personnels rencontrent des idées justes, leur despotisme les rend désastreuses par leur manière de les appliquer. Ainsi, rien de plus légitime, en théorie, que la liberté du commerce. De quel droit prétendrait-on m'empêcher d'acheter des produits étrangers, si je les crois meilleurs que les produits indigènes? Mais de quel droit aussi la fantaisie d'un seul vient-elle l'établir brusquement, sans transition, ce qui équivaut à l'expropriation sans indemnités de certaines industries établies sous le régime protecteur?

Sans m'arrêter à mille détails sur lesquels insistent fortement les industriels lésés par le traité de commerce, et dont on a fait trop bon marché, j'arrive au premier point, qui me paraît capital : c'est que toutes les libertés se tiennent, et que la première condition pour que l'industrie et le commerce français puissent lutter à armes égales avec les nations étrangères, c'est qu'ils soient à l'intérieur aussi libres de leurs mouvements que leurs rivaux. On commence par nous écraser sous une législation de plomb, et puis après on nous dit : A présent, la lice est ouverte; allez, marchez, courez! N'est-ce pas une ironie cruelle? Et les industriels et commerçants continueront-ils à voter pour les candidats officiels, dont l'éternelle complaisance les assassine, et cela par peur de la liberté qui leur rendrait la vie et la richesse?

La presse, qui eût pu suppléer à l'insuffisance du contrôle parlementaire, en tenant le public au courant des choses, la presse a été comprimée, bâillonnée, terrorisée sans trêve ni relâche depuis 1852.

D'ailleurs, grâce au cautionnement, au timbre, aux impôts de toute espèce qui pesaient sur elle, elle est restée, pendant de longues années, aux mains de quelques capitalistes, qui s'en sont servi pour lancer et soutenir une foule d'affaires plus ou moins véreuses et détourner de tout emploi utile une bonne partie des capitaux de la France. Le droit de réunion, encore plus suspect, s'il est possible, que celui de la presse, n'était d'aucun secours pour les citoyens, et les affaires, comme la politique, se faisaient dans un silence également funeste à l'une et aux autres. Maintenant que l'opinion publique a arraché au gouvernement quelques restitutions partielles, les journaux et les réunions sont écrasés de procès et de pénalités, comme si on n'avait voulu rendre aux Français une apparence de liberté qu'à la condition qu'ils n'en useraient pas.

Voilà pour le dedans une partie des effets du manque de contrôle. Voyons maintenant quelles en sont les conséquences au dehors.

Avons-nous, au moins, ce prestige de force qui plaît aux instincts grossiers de la nature humaine et les console de la liberté perdue? Notre gouvernement développe-t-il, dans la politique étrangère, cette énergie et cette suite dans les idées dont on reprochait si aigrement l'absence aux régimes de liberté? Avons-nous pour toujours échappé à ces indécisions et à ces incertitudes dont on rejetait la faute sur les exigences tracassières du pouvoir parlementaire?

Hélas! il ne suffit pas aux chefs d'un État d'être absolus et sans contre-poids pour être habiles, fermes, intelligents. Mais quand on n'a en politique que des idées vagues et flottantes, quand on n'a ni plans ni principes, par cela seul que l'on n'est pas contrôlé, on accumule fautes sur fautes, et on se trouve, après des efforts et des dépenses gigantesques, acculé à des impasses dont on ne sait plus comment sortir.

On s'en va en guerre pour venger 1812 et châtier la Russie, et, dix ans après, on s'aperçoit avec stupéfaction que le seul résultat de cette guerre terrible est d'avoir dépensé un milliard et sacrifié cent cinquante mille hommes pour rendre la Russie plus dangereuse que jamais et pour nous aliéner l'alliance de l'Angleterre.

On s'imagine que pour avoir aidé l'Italie à reconquérir une province, on a acquis le droit de la traiter en vassale, et, à force d'exigences déraisonnables et hautaines, on se fait, d'un allié naturel, un ennemi implacable.

On se figure que la révolte des esclavagistes va couper en deux les États-Unis, et l'on connaît si peu les hommes ou du moins on tient si peu de compte des énergies humaines qu'on n'hésite pas à croire que cette race indomptable des Américains du Nord, vaincue d'abord parce qu'elle a été dépouillée de tous moyens de défense par la trahison d'un président, se résignera à sa défaite, et l'on s'élance, sans plus de réflexion, dans cette incroyable aventure du Mexique, pour y laisser cinquante mille hommes, six cent millions, le prestige du nom français, et en revenir sans autre profit que la responsabilité de la fusillade de Queretaro et la perte de l'alliance séculaire des États-Unis.

On raille la pusillanimité des gouvernements antérieurs qui ont laissé égorger la Pologne sans lui offrir autre chose que des vœux platoniques, et l'on supporte, sans mot dire, les dédains de Gortschakof; on n'ose plus même protester contre la suppression du nom polonais. Les derniers vestiges de la Pologne disparaissent sans que le gouvernement français semble s'émouvoir de cette suprême insulte.

Quant à la Prusse, on n'a rien su ni prévoir ni empêcher. Le gouvernement, dupé par Bismark, n'a vu dans l'écrasement de l'Autriche, à Sadowa, qu'une occasion de se réjouir du morcellement de l'Allemagne. Pendant qu'elle se concentrait dans la main d'une puissance hostile par souvenir et par position, on inaugurait à la Chambre la théorie des trois tronçons. Quand on a commencé à y voir un peu plus clair, on a tâché de faire prendre le change au public et de lui dissimuler, sous de belles paroles, l'étrange bévue du gouvernement. Puis on s'est efforcé par dessous main d'arracher à la Prusse quelque compensation, pour consoler la vanité nationale, et cette tentative avortée du Luxembourg nous coûte quelque chose comme deux cent millions.

Puis voici l'affaire de Grèce, une allumette maladroitement maniée par nos diplomates et qui pourrait bien mettre le feu à la question d'Orient, c'est-à-dire à l'Europe tout entière. Mais, en supposant qu'un replâtrage plus ou moins ingénieux éloigne, pour quelques années, la conflagration, il n'en est pas moins certain que, dès ce moment, toute influence est perdue pour la France dans l'Europe orientale comme ailleurs, et que la Russie ne laissera pas échapper l'occasion que nous lui avons donnée si généreusement, de soumettre à son patronage officieux toutes les nations chrétiennes voisines ou sujettes de la Turquie.

Et voilà pourquoi il nous faut treize cent mille soldats! Et avec cela, nous n'avons pas un allié. Qu'un conflit s'élève, nous ne pouvons compter sur personne, parce que personne n'a confiance en nous. Mais, en revanche, nous sommes sûrs d'avoir contre nous la Prusse, la Russie, l'Italie. Ce que nous pouvons espérer de mieux, ce sont les vœux de l'Autriche et la neutralité malveillante de l'Angleterre.

Que conclure de tout ceci? Que l'absence de contrôle sérieux n'est pas meilleure pour la politique étrangère que pour la politique intérieure. Toutes nos misères découlent du système des candidatures officielles. Grâce à l'aveuglement des ignorants et des ultra-conservateurs, nous n'avons à la Chambre que des hommes qui, en acceptant le patronage administratif, s'engagent d'avance à ne pas contrôler l'administration.

Voilà assez longtemps que cela dure. Il est urgent que les électeurs brisent cet instrument de ruine et de servitude, et qu'ils se décident enfin à choisir partout des candidats indépendants, bien décidés à mettre l'intérêt de la France avant les convenances particulières d'un homme ou d'une dynastie.

Édouard ORDINAIRE.

Contraste insuffisant

NF Z 43-120-14